Heinrich Eggeling

**Kant und Fries - die anthropologische Auffassung der Kritik**

**der Vernunft**

in ihren wesentlichen Punkten erörtert

Heinrich Eggeling

**Kant und Fries - die anthropologische Auffassung der Kritik der Vernunft**
*in ihren wesentlichen Punkten erörtert*

ISBN/EAN: 9783743649019

Hergestellt in Europa, USA, Kanada, Australien, Japan

Cover: Foto ©ninafisch / pixelio.de

Weitere Bücher finden Sie auf **www.hansebooks.com**

# Kant und Fries.

# Kant und Fries.

Die anthropologische Auffassung der Kritik der Vernunft

in ihren wesentlichen Punkten erörtert

von

## Heinrich Eggeling.

Fur die Habilitation an der K. Sächs. Polytechnischen Schule zu Dresden.

.

Braunschweig,

Druck von George Westermann.

1875.

Mit vollem Rechte wird behauptet, dass die Kantische Philosophie in Deutschland für alle späteren Systeme den Ausgangspunkt bilde, und dass jede Speculation, sofern sie auf allgemeine Beachtung Anspruch erhebt, sich zunächst mit der Kantischen Philosophie aus einander zu setzen habe. Diese ihre bleibende Bedeutung liegt in der Grundforderung, welche Kant der früheren Philosophie entgegenstellte: allen weiteren speculativen Versuchen müsse eine Untersuchung der Vernunft in Betreff ihres Vermögens zu philosophischer Wahrheit überhaupt vorausgeschickt werden, — und in der dieser Forderung entsprechenden Entdeckung des vollen Thatbestandes, welchen die menschliche Vernunft an reinen oder philosophischen Erkenntnissen besitzt. Die von Kant gehegte Hoffnung, dass es nach Ausführung der von ihm geforderten Untersuchung gelingen werde, die Metaphysik zu einer eben so evidenten, allgemein anerkannten Wissenschaft auszubilden, wie es die Mathematik sei, ist unerfüllt geblieben. Noch immer, ja man könnte sagen mehr als je ist das Gebiet der reinen Philosophie eine Stätte des Streites und Kampfes,

auf welcher ein Jeder sich um so mehr Anhänger er-
wirbt, je grösser die Gewalt seiner Rede ist, je mehr
er sich dem Geiste seiner Zeit anzubequemen weiss und
— je lauter und je gewandter Sprache und Schrift
seiner Anhänger sind.

Der Grund dafür, dass es noch immer nicht gelungen ist, die speculative Philosophie in den sicheren Gang
einer Wissenschaft zu bringen, dürfte zum Theil in dem
Mangel einer allen Philosophirenden gemeinsamen, ein-
heitlichen Ausdrucksweise zu finden sein; eine jede philosophische Schule redet ihre eigene Sprache, und viel
Streit der Schulen unter einander rührt daher, dass sie
sich gegenseitig nicht verstehen. Der weitere und tiefere
Grund aber liegt darin, dass man den von Kant eingeschlagenen Weg verliess; denn auf diesem allein kann
man dazu gelangen, das philosophische Vermögen nach
Umfang und Inhalt scharf zu bestimmen und so der
Philosophie die sichere Basis zu geben Die unterneh-
mungslustige Vernunft trieb bald wieder über die von
Kant ihr gezogenen Grenzen der Erkenntniss hinaus;
sie wagte wieder den salto mortale ins Absolute! Un-
geachtet der Warnungen Kant's unternahm man es, los-
gerissen von der Erfahrung, die letzten Gründe des Daseins zu begreifen, und wohl gar, aus ihnen die Welt
und den Lauf der Ereignisse in ihr zu construiren. —

Wer aufmerksam die Entwickelung der Philosophie
nach Kant verfolgt, dem kann es nicht zweifelhaft sein,
dass gewisse in der Kantischen Speculation stehen ge-

bliebene Fehler, obwohl sie für ihn selbst von keinem
entscheidenden Einfluss waren, doch die Veranlassung
wurden, dass die Speculation so bald den von Kant
eingeschlagenen Weg verliess und, scheinbar über jenen
hinausgehend, in Wirklichkeit zurückschritt, wodurch
die Hoffnung, die Philosophie zu einer festen Wissenschaft ausgebildet zu sehen, einstweilen vernichtet
ward. —

Unter den Philosophen, welche die von Kant an-
gebahnte subjective Wendung der Speculation für das
entscheidend Wichtige zur wahren Fortbildung der Philosophie erkannten, nimmt Jacob Friedrich Fries die
erste Stelle ein. Was Fries hierfür gethan, ist im Allgemeinen wenig bekannt geworden. Ungünstige Lebens-
schicksale liessen ihn nur kurze Zeit die so kräftig be-
gonnene Thätigkeit als philosophischer Lehrer ausüben.
Die zahlreichen Werke, in denen er die reifen Früchte
seiner philosophischen Arbeit niederlegte, wurden von
Wenigen gelesen, von noch Wenigeren richtig verstanden und gewürdigt. Es war eben damals, als Schelling
und Hegel die philosophirenden Köpfe Deutschlands ein-
nahmen, nicht möglich, durch literarische Thätigkeit
allein für eine strenger wissenschaftliche Richtung der
Philosophie die allgemeine Aufmerksamkeit zu gewinnen.
Fries war 1816 zugleich mit Hegel an Fichte's Stelle
in Berlin primo loco vorgeschlagen, dieser für speculative, jener für praktische Philosophie. „Hätte dieses,"
sagt Henke mit Recht, „damals den Erfolg gehabt, dass

Hegel gar nicht nach Berlin berufen wäre, sondern statt
seiner Fries, wie würde die ganze Geschichte der deutschen Philosophie von 1816 an, mit ihr auch theilweise
die der deutschen Theologie, eine so ganz andere geworden sein! — — — und wenn dann von der ver-
einten Kraft dieser drei Männer (De Wette, Schleier-
macher und Fries) eine Glauben und Wissen aus einander haltende, aber eben dadurch vermittelnde Theologie und Philosophie ausgegangen wäre, würde es
vielleicht nicht zu einer solchen Verzweiflung an beiden
nach den Extremen irreligiöser Wissenschaftlichkeit und
unwissenschaftlicher Religiosität und darum zu so tief
gehenden Spaltungen in Kirche und Schule gekommen
sein."

Von den Geschichtsschreibern der neueren Philosophie ist Fries fast immer falsch verstanden. Hier
hat es einer dem anderen nachgesagt, Fries sei von
Kant und Jakobi ausgegangen, sein System sei die Ver-
mittelung der Lehren jener beiden und suche die eine
durch die andere zu ergänzen. Das Verhältniss von
Fries zu Jakobi einer besonderen Betrachtung vorbe-
haltend, möchten wir hier nur hervorheben, dass Fries
selbst in seinen Werken und in den Aufzeichnungen
über seine philosophische Entwickelung wiederholt gegen
eine solche falsche Auffassung seiner Lehre protestirt
und betont, dass Jakobi's Philosophie, sofern von einer
solchen zu sprechen sei, auf die Ausbildung seiner Ansichten gar keinen Einfluss gehabt habe.

Aus dem Studium der Kantischen Kritiken ent-
wickelte sich für Fries frühzeitig die Lebensaufgabe, zu
deren Lösung er, wie er 1799 schreibt, geboren und in
die Welt gekommen zu sein scheine. Er erkannte, dass
den Kantischen Entdeckungen eine allgemeine psychologische Grundlage fehle, und hieraus entstand ihm die
Aufgabe, die Kritik in eine Theorie der Vernunft um-
zubilden, welche die eigentliche Propädeutik der Philosophie selbst bilde. Wenn Zeller „das Eigenthümlichste
von Fries' System in den psychologischen Untersuchungen" findet, „durch welche er die Annahmen seiner Vor-
gänger genauer zu begründen und näher zu bestimmen
versucht habe", so ist hierin das Richtige wohl an-
gedeutet, aber doch in ungenügender, nicht deckender
Weise. Es handelte sich für Fries nicht um Annahmen
von Vorgängen, sondern um die grossen Entdeckungen,
welche Kant gemacht, — nicht um eine genauere Begründung derselben, sondern um die Durchführung und
Vollendung der von ihm eingeleiteten subjectiven Wendung der Speculation. Es klingt aus jener Darstellung
der Friesischen Philosophie, wie auch aus anderen ähn-
lichen, als ein Vorwurf: Fries sei in Hinsicht des End-
resultates nicht über Kant hinausgegangen, — und wo
es geschehen sei, habe er sich um so enger an Fr. H.
Jakobi angeschlossen. Das erstere dürfte wohl nicht
als Vorwurf zu erachten sein, das andere ist unrichtig.
Kant's kritische Arbeiten hatten die der menschlichen
Vernunft gehörenden nothwendigen Principien und die

Grenzen ihres Gebrauches aufgewiesen, und hiermit war die Wissenschaft der Principien, die Metaphysik, so vollständig in Grund gelegt, dass Kant in Bezug auf sie wohl mit Recht sagen konnte: nil actum reputans, si quid superesset agendum.

Was blieb hiernach zu thun? Die Frage wird am klarsten und schärfsten beantwortet durch ein Beispiel aus der Geschichte der Naturwissenschaft. Keppler hatte die Gesetze der Planetenbewegung auf inductivem Wege gefunden, aber Abschluss und Vollendung erhielt seine Entdeckung erst, als Newton sich zu der Theorie der Gravitation erhob und hierin die Keppler'schen Gesetze als die nothwendigen Folgen des Grundsatzes der allgemeinen Gravitation aufwies. So auch hier. Nachdem Kant den factischen Besitzstand der Vernunft an philosophischer Erkenntniss entdeckt, bedurfte es noch dessen, in einer Theorie der Vernunft den Nachweis zu liefern, warum wir gerade diese und nur diese philosophische Erkenntniss besitzen. —

An Stelle der progressiven Methode des logischen Dogmatismus hatte Kant die regressive, zergliedernde Methode als die für die Ausbildung der Philosophie einzig mögliche gefordert; hierdurch und durch die scharfe Unterscheidung analytischer und synthetischer Urtheile war alle dogmatische Philosophie, durch den Nachweis des factischen Bestehens synthethischer Urtheile a priori Locke's Empirismus überwunden; gegen Hume's Skepticismus zeigte Kant, dass wir zur Erkenntniss allgemeiner Gesetze für Natur und Menschenleben nur unter Voraussetzung gewisser a priori erkannter Bedingungen der Möglichkeit der Erfahrung gelangen. Die Metaphysik hatte Kant auf die Frage gestellt: wie sind synthetische Urtheile a priori aus reinen Begriffen möglich? Die gründliche Durchforschung des menschlichen Erkenntnissvermögens, zu welcher er durch die Erörterung jener Frage veranlasst wurde, führte ihn zur Entdeckung der reinen Anschauung, der Kategorien und metaphysischen Grundsätze und endlich zur Auffindung der transcendentalen Ideen, die erst durch die unmittelbare Nothwendigkeit des sittlichen Grundbewusstseins Anwendung finden. Alle diese Resultate der Kantischen Speculation finden wir auch bei Fries, und es ist richtig, er ist in dieser Beziehung nicht über Kant hinausgegangen; er hat freilich weder den Ruhm erlangt, eine „intellectuelle Anschauung“, noch denjenigen, ein „absolutes Wissen“ entdeckt zu haben. Und was wäre es auch? Sollen doch diese wichtigen Funde mit dem Tode ihrer Entdecker wieder verloren gegangen sein; Wissenschaft und Leben dürften an ihrer Wiederauffindung kein Interesse haben. — Mit Kant behauptet Fries, dass aller Gehalt der menschlichen Erkenntniss aus der Erfahrung stamme, und dass die selbstthätige Vernunft durch jene von Kant entdeckten Principien a priori Einheit und Verbindung in den sinnlich gegebenen Gehalt bringe. Die Lösung des grössten Problems, die Beantwortung der Frage nach der Nebenordnung des Sinnlichen und

Uebersinnlichen, des Endlichen und Ewigen, Natur und Freiheit, giebt auch Fries in der Lehre des transcendentalen Idealismus. Den Mangel aber der Kantischen Philosophie fand Fries darin, dass die Aufgabe der Kritik nicht scharf genug als eine psychisch-anthropologische gefasst war, und er hoffte, jene dadurch zu vollenden, dass er in einer auf innere Erfahrung gegründeten Theorie der Vernunft aufwies, wie die verschiedenen Formen des geistigen Lebens aus der einen Form der Vernünftigkeit des qualitativ erkennenden, lustfühlenden und begehrenden Geistes entspringen. Hierin wollte er zugleich der kritischen Philosophie die ihr bei Kant fehlende Einheit geben. Dafür bedurfte es zunächst, gewisse Mängel und Vorurtheile namentlich in Bezug auf die Begründung der menschlichen Erkenntniss zu heben, welche bei Kant stehen geblieben waren. So bestimmt auch Kant sich gegen die dogmatische Philosophie erklärt hatte, so blieb er, um seine Philosophie vor dem Vorwurf des Empirismus zu schützen, doch in gewissem Sinne von dem rationalistischen Vorurtheile für den Beweis befangen, was die Gefahr eines Rückfalls aus der kritischen in die dogmatische Methode in sich schloss.

Wir wollen versuchen, auf den folgenden Blättern die wichtigsten Punkte klar hervorzuheben, bezüglich derer Fries die speculative Philosophie Kant's fortgebildet hat.

Auf welchem Wege ist Kant zur Auffindung der der menschlichen Vernunft a priori gehörenden Bestimmungen geführt? auf welcher Grundlage ruht also die

Kritik der Vernunft? Die Entscheidung dieser Frage, über welche wunderbarer Weise noch immer Streit geführt wird, ist für die Philosophie von grösster Wichtigkeit. Unter den unmittelbaren Nachfolgern Kant's war Fries derjenige, welcher am bestimmtesten behauptete, die Aufgabe der Kritik der Vernunft sei eine psychisch-anthropologische, nur auf dem Wege der inneren Erfahrung sei sie zu lösen; Kant habe auch in der That diesen Weg eingeschlagen und auf diesem und keinem anderen sei er zu seinen grossen Entdeckungen geführt; er sei sich dessen jedoch nicht klar bewusst gewesen. Eine irrthümliche Auffassung des Verhältnisses der Reflexion zur unmittelbaren Selbstthätigkeit der erkennenden Vernunft habe ihn die psychologische Natur seiner „transcendentalen Erkenntniss" verkennen lassen, und in diesem Irrthume, welcher Kant verhindert habe, seinem Werke Einheit und Vollendung zu geben, wurzele der Abfall der Identitätsphilosophie von der kritischen Methode. - Sein treues Festhalten an der Kantischen Grundforderung, dass nur durch Kritik der Vernunft die dunkel im Menschengeiste liegenden philosophischen Wahrheiten aufgehellt, und die Behauptung, dass jener Forderung nur in psychisch-anthropologischen Untersuchungen genügt werden könnte, brachte Fries in einen unausgleichbaren Gegensatz zu aller Identitäts-philosophie. Im Sinne dieser, sagt Kuno Fischer sehr richtig, „ward die Vernunftkritik eine Erkenntniss, deren Object die Identität, d. h. die Einheit der Vernunft

und der Welt ist; sie ward eine Wissenschaft des
obersten Princips sowohl des Erkennens als der Dinge,
d. h. sie ward Metaphysik und als solche Erkenntniss
a priori." Hiergegen zeigte Fries, dass diese Art von
objectiver Speculation ein unmöglich auszuführendes Unternehmen sei. Wir haben kein Object ohne Erkenntniss,
keine Erkenntniss ohne Object; die Einheit beider begreifen, ein oberstes Princip finden zu wollen, in welchem
und durch welches die Identität der Erkenntniss und
der Dinge und somit die Wahrheit der ersteren dar-
gethan wäre, — hierfür bedürfte es, dass wir aus unserer
Erkenntniss der Dinge selbst heraustreten, dass wir uns
über dieselbe zu stellen vermöchten und in einer höheren
— doch aber immer erkennenden — Thätigkeit Erkennen
und Ding mit einander vergleichen und das beiden Ge-
meinsame, sie Einigende entdecken könnten. So fand
oder erfand man denn intellectuelle Anschauung und
reines Denken, die uns die gestellte Frage beantworten
sollten. Indess, wie es bei unrichtiger Fragestellung
nicht anders geschehen kann, man gelangte damit nur
zu Phantasiegebilden und zu willkürlichen Spielen mit
inhaltlosen logischen Formen. — Diesen Versuchen gegenüber betonte Fries: in uns selbst liegt das Gesetz der
Wahrheit; nicht in dem für uns ganz unerkennbaren
äusseren Verhältniss der Erkenntniss zum Gegenstande,
sondern in den inneren Verhältnissen unserer Erkenntniss selbst müssen wir die Gründe für die objective
Gültigkeit derselben suchen. Innere Selbstbeobachtung

allein kann uns die nothwendigen Bestimmungen, welche
in der menschlichen Vernunft liegen, aufweisen und damit
über die Frage der Wahrheit die letzte Entscheidung
bringen.

Kuno Fischer, welcher sowohl in der kleinen Schrift:
„Die beiden Kantischen Schulen in Jena", als in der Ein-
leitung zum fünften Bande der Geschichte der neuesten
Philosophie die Frage nach der Grundlage der Vernunftkritik erörtert, unterzieht dabei auch das Verhältniss
von Fries zu Kant einer gründlichen Betrachtung. Er
sieht in der Friesischen Philosophie zwar eine solche,
welche in die Entwickelung der kritischen Philosophie
gehöre, deren anthropologische Auffassung der Kritik
der Vernunft jedoch einen Abfall von Kant bedeute und
irrig sei. Kant sowohl als Fries, sagt Fischer, wollen
durch Kritik der Vernunft darthun, welche Erkenntnisse
a priori wir besitzen, welche Erkenntnisse die Vernunft
durch sich hat. „So ist die Vernunftkritik eine Erkenntniss der Erkenntniss a priori." Gewiss! sie hat
es mit der Ausbildung des Bewusstseins um diese Erkenntnisse zu thun, sie hat diese in jeder menschlichen
Vernunft liegenden, von jeder Vernunft als nothwendig
und allgemeingültig angewandten Erkenntnisselemente
aufzuweisen als ursprüngliches Eigenthum der erkennenden Vernunft. Wie nun kann dieses geschehen? Offen-
bar auf keine andere Weise als so, dass wir unsere
Erkenntniss zergliedern, hierbei von Allem abstrahiren,
was sinnliche Wahrnehmung in dieselbe geliefert hat,

und so in regressivem Gange finden, was der Vernunft unmittelbar und ursprünglich gehört. Fries nennt diese Aufgabe eine psychisch-anthropologische, die nur durch innere Erfahrung zu lösen sei. Kant dagegen sieht dieses Auffinden der ursprünglichen Bestimmungen der menschlichen Vernunft wieder als eine Erkenntniss a priori an. Kuno Fischer decretirt für letzteren, indem er sagt: „hier liegt in der Friesischen Philosophie das πρῶτον ψεῦδος. Was a priori ist, kann nie a posteriori erkannt werden." Die Emphase eines Satzes trägt nicht zu seiner Klarheit und inneren Wahrheit bei. Die Bedeutung und das Gewicht jenes Satzes, der leicht zu der Meinung Veranlassung geben könnte, als herrsche in der Friesischen Philosophie eine arge Begriffsverwirrung, wird aus dem Folgenden klar werden. Fischer sagt gleich darauf: „Ich gebe zu, dass unsere ursprünglichen Vernunftäusserungen, die allen Vorstellungen und Erkenntnissen zu Grunde liegen, dass Anschauungen wie Raum und Zeit, dass Begriffe wie die Causalität u. s. f. zunächst auf dem Wege der Erfahrung und Selbstbeobachtung von uns gefunden, dass wir auf diesem Wege zuerst derselben inne werden." Scheint in diesen Worten eine Uebereinstimmung mit Fries zu liegen, so wird dieselbe durch die darauffolgenden Worte: — „Aber eines kann auf diesem Wege nie entdeckt werden: dass jene Vernunftäusserungen a priori sind!" — aufgehoben und der Gegensatz auf den schärfsten Ausdruck gebracht. Was heisst denn nun aber a priori? Fischer

sagt sehr richtig: „Ueberhaupt weiss ich den ganzen
Unterschied von a priori und a posteriori auf nichts
Anderes zu beziehen, als auf unsere Erkenntniss." Erkenntniss a posteriori ist solche, welche auf der Basis
unserer Sinnesanschauungen ruht, Erkenntniss a priori
dagegen ursprüngliche Bestimmung der Vernunft, welche
keine sinnlich gegebenen Elemente enthält; diese ist
mit einem Worte die Form, welche die selbstthätige
Vernunft ihrem Erkennen zu Grunde. legt. Wie anders
sollen wir nun diese finden, als in innerer Erfahrung? Wie
anders, als indem wir im Ganzen unserer Erkenntniss
von allem sinnlich gegebenen Gehalt abstrahiren und so
die ursprüngliche Form unserer Erkenntniss herausheben?
Das eben ist die Aufgabe der Vernunftkritik; sie hat
den ganzen Besitz unserer Vernunft an ursprünglichen
Bestimmungen, an Erkenntnissen a priori aufzuweisen.
Wäre ihr Erkennen selbst auch wieder ein apriorisches,
so bedürfte es wohl einer Vernunftkritik zweiter Ordnung, welche der ersteren Erkenntniss als ursprüngliches Eigenthum der Vernunft aufzuweisen hätte u. s. f.
Hier liegt eben der Abfall von dem Grundgedanken der
Kritik. Die Vernunftkritik sollte die Metaphysik in
Grund legen, indem sie den ganzen Gehalt der menschlichen Vernunft an metaphysischer Erkenntniss aufwies;
sobald man ihr Erkennen wieder für ein apriorisches
hielt, verwandelte man die Vernunftkritik wieder in Metaphysik und verfiel dem Dogmatismus. Der eigentliche
Grund dieser Wandlung liegt in der Besorgniss vor dem

Empirismus. Wo bleibt die Nothwendigkeit, wo die
Allgemeingültigkeit ihrer Resultate, wenn die Vernunftkritik nichts sein will als Beobachtung meiner selbst?
— so fragt Kuno Fischer und mit ihm die anderen.
Nun vor Allem soll die Vernunftkritik nichts Anderes
sein wollen, als was sie sein kann; nur innere Erfahrung kann uns zeigen, welche Bestimmungen in unserem
ganzen geistigen Leben der reinen Selbstthätigkeit der
Vernunft entspringen; mit diesen aber ist das Bewusstsein ihrer Allgemeingültigkeit und Nothwendigkeit unmittelbar verbunden, und es wird nicht erst auf irgend
eine Weise hinzugebracht. Der irreleitende Gedanke ist
hier zuletzt immer der, dass man meinte, die Wahrheit
jener Erkenntnisse a priori noch darthun, d. h. beweisen
zu müssen, wobei man freilich übersieht, dass die höchsten Voraussetzungen der menschlichen Erkenntniss kei-
nes Beweises fähig sind. Wir kommen hierauf nachher
zurück. —

Jürgen Bona Meyer gelangt in seinem Werke über
Kant's Psychologie bezüglich der oben gestellten Frage
zu ganz anderem Resultate als Kuno Fischer. Er zeigt,
dass die Kritik der Vernunft in der That auf psychologischer Grundlage ruhe, dass Kant auf dem Wege
psychologischer Selbstbeobachtung, Analyse und Reflexion
die Erkenntnisse a priori entdeckt habe, und dass man
überhaupt auf keinem anderen Wege dazu geführt werden könne. Fries habe also mit Recht geglaubt, Kant
in seinem Sinne durch Entwickelung der psychologischen

Natur des Kriticismus ergänzen zu können, aber „er hatte Unrecht, wenn er behauptete, Kant habe die psychologische Natur seiner eigenen Untersuchung verkannt, weil er das Wesen der Reflexion nie begriffen habe." Kant habe gesehen, „dass unmittelbares Selbstbewusstsein zur Auffindung des Apriori nicht genügt, dass vielmehr die Selbstbesinnung noch der Hülfe wissenschaftlicher Analyse und Reflexion bedarf. In diesem Sinne lehnte er also gewiss mit Recht die blosse Selbstbeobachtung als Mittel zur Entdeckung des Apriori ab, aber gewiss nicht die durch wissenschaftliche Analyse und Reflexion geleitete Selbstbesinnung." Wodurch nun aber unterscheiden sich Selbstbeobachtung und durch Reflexion geleitete Selbstbesinnung? Die Unklarheit in dieser Unterscheidung hob schon Grapengiesser hervor in seinem Aufsatze über die transcendentale Deduction (65. Bd. 1. Heft der Zeitschr. f. Phil. u. philos. Kritik); keineswegs ist mit derselben eine Differenz zwischen Fries und Kant bezeichnet.

Auf das Bestimmteste erklärt Fries aller Orten, dass wir nur durch Reflexion uns der dunkel in uns liegenden, ursprünglichen Bestimmungen der Vernunft bewusst werden könnten, und dass Kant sie auf diesem Wege gefunden habe. Kant habe aber die Natur der Reflexion und ihre Stellung in der Organisation des menschlichen Geistes verkannt, indem er in ihr ein Vermögen der Erkenntniss, und zwar der Erkenntniss a priori erblickte, während es in der That doch das

höhere Vermögen der Selbsterkenntniss sei, welches
selbst nicht neue Erkenntniss gebe, sondern nur anderweitig gegebene zum Bewusstsein bringe. Dieser Punkt,
auf welchen es doch für die Beurtheilung der Friesischen
Philosophie ganz besonders ankommt, ist nie genug
beachtet worden. — Während Meyer also in Bezug auf
die Entdeckung des Apriori der Friesischen Ansicht
zustimmt, entscheidet er sich hinsichtlich der damit eng
zusammenhängenden Frage nach der Begründung der
Erkenntnisse a priori mit Fischer gegen Fries: Der
Beweis der Rechtmässigkeit des Apriori sei mehr als
eine psychologische Entdeckung. Wir werden diesen
Hauptdifferenzpunkt nachher schärfer ins Auge zu fassen
haben, müssen uns aber zunächst zur Betrachtung des
anderen bezüglich der Stellung der Reflexion wenden. —
Kant hatte das die nothwendigen und allgemeingültigen Erkenntnisse betreffende Grundproblem der Philosophie durch die Beantwortung der Frage: wie sind
synthetische Urtheile a priori möglich? endgültig entschieden. Nachdem er die Erkenntnisse a priori als ein
Factum aufgewiesen und den vollen Besitzstand der
Vernunft an jenen entdeckt hatte, blieb indessen hier
noch eine Frage zu entscheiden. Jene Erkenntnisse
enthalten die nothwendige und allgemeingültige Wahrheit, deren wir uns nur im Denken bewusst werden
können; das Denken aber ist eine willkürliche Thätigkeit des Geistes. Es musste also noch die Frage beantwortet werden, welche schon die Sophisten an der Mög-

lichkeit nothwendiger Wahrheit zweifeln liess, wie kann
die willkürliche Thätigkeit des Verstandes uns die nothwendige Wahrheit geben? So ward Fries in seiner
Kritik der Vernunft-auf das Problem der Möglichkeit des
willkürlichen Vorstellens geführt, in dessen gründlicher
Auflösung er zeigt, dass der Verstand uns nicht neue
Erkenntniss gebe, sondern vermittelst der logischen
Hülfsmittel Begriff, Urtheil, Schluss und Systemform gegebene Erkenntniss nur zum Bewusstsein bringe; nicht der
willkürlichen Thätigkeit des Verstandes entspringen jene
nothwendigen und allgemeingültigen Wahrheiten, nicht
sie bringt in und mit ihnen Einheit und Verbindung an
unsere Erkenntniss; sondern der Quell jener Wahrheiten, welche alle Synthesis unserer Erkenntniss enthalten, ist die Vernunft in ihrer reinen Spontaneität.
Die von dieser geübte ursprüngliche Synthesis hat die
analytische Thätigkeit des Verstandes uns zum Bewusstsein zu bringen. — Der Zweck dieser Schrift ge-
stattet uns nicht, den psychologischen Untersuchungen,
auf welchen die Entdeckung dieses Verhältnisses ruht,
in ausgedehnterer Weise zu folgen; wir versuchen nur,
einen Ueberblick zu geben. Vor der Selbstbeobachtung
treten intuitive und discursive Erkenntniss, die in der
Affection bestimmte Anschauung und die durch Reflexion
bestimmte willkürliche Erkenntniss aus einander. Ihre
Vereinigung ward auf verschiedene Weise versucht. Die
Empiriker suchten die Thätigkeit des Verstandes ganz
auf die in der Empfindung gegebene anschauliche Er-

kenntniss, die discursive auf die intuitive Erkenntniss
zurückzuführen, während die Rationalisten umgekehrt
bestrebt waren, die dunkle und verworrene Vorstellung
der Sinne in die deutliche Erkenntniss durch Begriffe
aufzulösen. Der Ersteren Bestreben wird hinfällig, sobald man bemerkt, dass die in der Empfindung ent-
springende, stets an den Moment des Bewusstseins ge-
bundene Anschauung uns wohl das Wirkliche, nicht aber
das Nothwendige erkennen lassen kann, dass sie uns
wohl zeigt, wie ein Ding jetzt ist, nicht aber, wie es
nothwendig sein muss. Der in unserer Erkenntniss
thatsächlich vorhandene Begriff der Nothwendigkeit kann
also nicht in der Empfindung gegeben sein; er deutet
auf ein über die Anschauung hinaus liegendes Gebiet
der Erkenntniss. Eine Auflösung der sinnesanschaulichen
Erkenntniss in die gedachte oder discursive Erkenntniss
ist aber eben so wenig möglich. Alle gedachte Erkenntniss ist eine mittelbare durch Begriffe, welche ohne
unmittelbare Anschauung nie zu Stande kommen könnte;
die anschaulichen Erkenntnisse aber sind, wie sich leicht
zeigen lässt, zum grossen Theil gar nicht in Begriffe
zu fassen und aufzulösen. Die Vereinigung dieser
beiden Stämme der menschlichen Erkenntniss, wie
Kant sie nannte, gelingt also nicht durch Zurückfüh-
rung der einen auf die andere, sondern nur durch
den von Fries gegebenen Nachweis, dass jener ganze
Unterschied der intuitiven und discursiven Erkenntniss
nur ein Unterschied für die innere Wiederbeobachtung

unserer Erkenntniss, nicht aber für die Beschaffenheit unserer Erkenntniss selbst sei.'

Die Vernunft ist eine receptive Spontaneität, eine erregbare Selbstthätigkeit. Sie besitzt die drei Vermögen qualitativ verschiedener, unmittelbarer Thätigkeiten des Erkennens, Fühlens und Wollens, welche nicht weiter auf einander zurückführbar sind. In Folge ihrer Receptivität bedarf die Vernunft, um ihre Thätigkeit zu äussern, einer Anregung. Die fremdher angeregte Aeusserung der Selbstthätigkeit im Erkennen ist die sinnliche Erkenntniss. Sie giebt den mannigfaltigen Gehalt der Erkenntniss, welcher durch die reine Spontaneität der Vernunft zur Einheit der Erkenntniss verbunden wird. Die ursprüngliche reine Selbstthätigkeit im Erkennen ist also ein Vermögen der Synthesis, welche die Einheit und alle Verbindung und kraft ihrer Beharrlichkeit jede nothwendige Bestimmung an die menschliche Erkenntniss bringt.

Für jede aufmerksame Selbstbeobachtung zeigt sich nun, dass der Standpunkt der unmittelbaren Erkenntniss von dem Standpunkt des Bewusstseins um dieselbe unterschieden werden muss. Es ist etwas Anderes, eine Erkenntniss haben, etwas Anderes, sich ihrer bewusst zu sein, zu wissen, dass man diese Erkenntniss habe. Dem Vermögen der Selbsterkenntniss oder des Bewusstseins um unsere Erkenntnisse liegt das reine Selbstbewusstsein, die reine Apperception zu Grunde, welche das „Ich" als das gemeinschaftliche Subject aller innerlich

wahrgenommnen Thätigkeiten nennt. Wie die Erkenntniss überhaupt, so steht die Selbsterkenntniss unter einem
Gesetz der sinnlichen Anregung. Der innere Sinn, die
Empfänglichkeit des Vermögens der Selbsterkenntniss,
nimmt aber nur die in jedem Augenblick lebhaftesten
inneren Thätigkeiten wahr, ohne den Zusammenhang
und das Ganze unserer inneren Lebensthätigkeit uns
zum Bewusstsein zu bringen. Ueber dieses sinnlich
gegebene Bewusstsein um unsere einzelnen inneren
Lebenszustände erhebt uns die Reflexion, die Thätigkeit
des Verstandes, indem sie sich vermittelst ihrer allgemeinen Vorstellungen in einem Bewusstsein überhaupt auch jener inneren Vorgänge bemächtigt, welche
vom inneren Sinn nicht wahrgenommnen werden können.
Die der Anregung zunächst liegenden Thätigkeiten der
erkennenden Vernunft, die äusseren Sinnesanschauungen,
fallen unmittelbar auch in die Beobachtung durch den
inneren Sinn und werden von diesem zum Bewusstsein
gebracht. Der allgemeinen und nothwendigen Bestimmungen aber, welche die reine Selbstthätigkeit der erkennenden Vernunft aus sich hinzubringt, der Vorstellungen der Einheit und Verbindung, in welche die Vernunft vermöge der ihr eigenen synthetischen Kraft das
Mannigfaltige des sinnesanschaulich gegebenen Gehaltes
fasst, können wir uns nur denkend im Urtheil bewusst
werden. Der Verstand ist demnach das höhere Vermögen des Bewusstseins um die Acte unserer unmittelbaren Erkenntniss, indem er diejenigen Verhältnisse der-

selben aufhellt, welche nicht anschaulich wahrgenommen
werden können. —

Fries macht gelegentlich darauf aufmerksam, wie
so viel Irrthum in der Philosophie dadurch entstanden,
dass man die willkürliche Thätigkeit des Verstandes mit
der Spontaneïtät der Vernunft im Erkennen verwechselt
habe. Diese Selbstthätigkeit der erkennenden Vernunft
wirkt ganz unwillkürlich nach inneren nothwendigen Gesetzen, auf sie kann der Wille gar keinen Einfluss haben.
Neben den sinnlich angeregten Thätigkeiten gehören ihr
ursprünglich die nothwendigen Gesetze unserer mathematischen und philosophischen Erkenntniss, in welchen
die menschliche Vernunft ihr Gesetz der Wahrheit der
ganzen Erkenntniss zu Grunde legt, und durch welche
alle ihre Erkenntnisse mit Nothwendigkeit zur einen Erkenntniss der Welt verbunden sind. Kraft eines unmittelbaren Actes der Urtheilskraft, welchen Fries das
Wahrheitsgefühl nennt, treten jene Grundbestimmungen
der reinen Spontaneïtät im Erkennen in alle Beurtheilungen des täglichen Lebens ein; so setzt z. B. Jedermann
in diesen die Beharrlichkeit der Substanzen, die Bewir-
kung der Veränderungen und die Wechselwirkung der
Dinge in der Natur, er setzt in sittlichen Beurtheilungen
die Persönlichkeit des Geistes, in religiösen das Dasein
Gottes voraus. Die willkürliche Thätigkeit des Verstandes aber hellt diese im dunkeln Innern vollzogenen Acte
der ursprünglichen Selbstthätigkeit der Vernunft auf, sie
reflectirt die für sich dunkeln Theile der unmittelbaren

Erkenntniss und bringt so das der selbstthätigen Vernunft gehörende Gesetz der Wahrheit zum Bewusstsein. Ganz mit Unrecht behaupten also Fries' Gegner, dieser habe das wahrhaft Vernunftallgemeine zu einem empirisch-psychologisch Thatsächlichen herabgedrückt. Nicht die allgemeingültigen und nothwendigen Erkenntnisse sind nach ihm psychologischen Ursprungs; aber die Erforschung ihrer Stellung im Ganzen der menschlichen Erkenntniss ist empirisch-psychologischer Natur.

Diese Darlegung des Verhältnisses des Verstandes zur Vernunft giebt auch überraschende Aufklärung über verschiedene bei Kant unklar gebliebene Punkte. Kant hatte den Parallelismus zwischen den logischen Urtheilsformen des Verstandes und den Formen der ursprünglichen synthetischen Einheit entdeckt, und er war so dazu geführt, die Tafel der Urtheilsformen als Leitfaden zur Auffindung des vollständigen Systems der metaphysischen Grundbegriffe oder Kategorien zu benutzen. Aber woher rührte jener Parallelismus? Der innere Zusammenhang war nicht klar geworden. Fries erst gelang es, diesen Zusammenhang aufzuhellen, indem er zeigte, dass die Urtheilsform der die Vernunft beobachtenden Reflexion, die Kategorie aber der ursprünglichen Synthesis der Vernunft gehört, dass mithin jener Parallelismus nothwendig bestehen muss. — Ferner ward durch jene Bestimmung des Verhältnisses zwischen Verstand und Vernunft auch der Grund klar, weshalb mit speculativer Vernunft sich nichts ausrichten lasse;

Kant hatte das Unvermögen der speculativen Vernunft aufgewiesen, ohne einen Grund dafür angeben zu können. Fries zeigte hier, dass Kant's speculative Vernunft nichts Anderes sei, als das Schlussvermögen des Verstandes, dass dieses aber als ein blosses Instrument der Wiederbeobachtung für sich allein nichts Neues zur Erkenntniss beitragen könne, sondern dass ihm aller Gehalt erst durch die von ihm beobachtete unmittelbare Erkenntniss der Vernunft gegeben würde, welche zwar bei Kant immer vorausgesetzt sei, ohne jedoch klar zu werden.

Kant hatte diese Stellung der Reflexion, welche sie thatsächlich in der Organisation des menschlichen Geistes besitzt, verkannt; er hielt seine transcendentale Erkenntniss, in welcher es sich um die Erkenntnisse a priori und deren Gebrauch handelt, selbst wieder für eine Art der Erkenntniss a priori, während sie doch empirischer Natur ist. Dieser Irrthum wurzelt zuletzt bei Kant in einem Vorurtheile, welches Fries das transcendentale nennt. Es ist im Grunde das alte rationalistische Vorurtheil, nach welchem man in dem Beweis das höchste und letzte Begründungsmittel für die Erkenntniss erblickte, und auf welchem alle dogmatische Entwickelung der Philosophie ruhte. So bestimmt auch Kant der logisch-dogmatischen Methode des Philosophirens entgegentrat und ihr seine kritische Methode entgegensetzte, so verfiel er doch in das Vorurtheil für den Beweis, um seine Erkenntnisse a priori sowohl gegen den Vorwurf des Empirismus als gegen den Ein-

wurf des Skepticismus sicher zu stellen, dass wir nicht
berechtigt seien, solche nothwendigen Erkenntnisse vor-
auszusetzen und anzuwenden, ohne sie zuvor bewiesen
zu haben. So ward Kant dazu geführt, die objective
Gültigkeit der Erkenntnisse a priori durch die transcendentalen Deductionen oder Beweise auf das Princip der
Möglichkeit der Erfahrung zu stützen. Die sinnliche
Wahrnehmung hat nach ihm objective Gültigkeit, weil
in ihr der Gegenstand der Grund der Vorstellung von
ihm sei; da nun die Anschauung a priori die Bedingung bildet, unter welcher allein Gegenstände angeschaut
werden können, die Kategorien aber den Grund der
Möglichkeit enthalten, dass Gegenstände gedacht werden
können, wodurch allein Erfahrung zu Stande kommen
kann, so müssen diese wie jene ebenfalls objective Gültigkeit besitzen. Da solche auf die Thatsache der Erfahrung gestützte Beweisführung nicht an die transcendentalen Ideen, deren Gegenstände nicht in der Erfahrung gegeben werden können, langt, so suchte Kant
die objective Gültigkeit dieser nachher auf die unmittelbare Nothwendigkeit des sittlichen Gebotes zu gründen. —
Hiergegen zeigte Fries, dass es ein ganz irriges
Unternehmen und ein Abfall vom Geiste der Kritik sei,
wenn man die obersten Principien einem Beweise unter-
werfen wolle, als besässen diese nur abgeleitete Gültigkeit, während sie doch die höchsten und unmittelbarsten
Voraussetzungen in allem Erkennen sind. Während die
Tendenz der Kritik dahin ging, das Gesetz der Wahr-

heit im eigenen Geiste zu finden, suchte Kant die letzte
Entscheidung über die objective Gültigkeit der höchsten
Principien doch in den Dingen und ihrem Verhältnisse
zu unserer Erkenntniss. Nachdem die Frage quid facti
in Bezug auf die Erkenntnisse a priori entschieden war,
bedurfte allerdings auch die Frage quid juris der Beantwortung; es bedurften jene Erkenntnisse einer Begründung, einer Rechtfertigung. Fries behielt hierfür
die von Kant gewählte Bezeichnung: „Deduction" bei;
aber diese hat bei ihm eine ganz andere Stellung und
Bedeutung als bei jenem. Wir können dieselbe erst
klar bezeichnen, nachdem wir Fries' vollständig veränderte Ansicht von der transcendentalen Wahrheit oder
objectiven Gültigkeit der Erkenntniss erörtert haben.

Eine Erkenntniss besitzt transcendentale Wahrheit
oder objective Gültigkeit, sofern die Vorstellung mit
ihrem Gegenstande übereinstimmt; so pflegt man ge-
meiniglich zu erklären, und die immer wieder aufgewor-
fene Frage, das sogenannte Problem der Erkenntniss,
lautet: wie kommt der Gegenstand zur Vorstellung hinzu? Fries behauptet nun, dass in jener Frage gar kein
wahres Problem ausgesprochen sei, und wäre es — so
könnte es von uns absolut nicht gelöst werden. Die
Erkenntniss ist ein schlechthin auf sich beruhendes Factum; sie besitzt unmittelbar Objectivität, und diese
kommt nicht erst künstlich hinzu. Das Erkennen, d. h.
die Vorstellung vom Dasein eines Gegenstandes oder
von dem Bestehen eines Gesetzes, unter welchem die

Gegenstände stehen, ist die unmittelbare Grundthätigkeit der erkennenden Vernunft, welche allen anderen Thätigkeiten derselben vorangeht. Die Existenz dieser übrigen zum Erkennen gehörenden Thätigkeiten, die Bildung der allgemeinen, problematischen Vorstellungen, in denen keine Behauptung über das Dasein ihrer Gegenstände liegt, das unwillkürliche Spiel der Association, die willkürliche Leitung derselben in der Reflexion, — das alles sind abgeleitete Thätigkeiten, die einer Erklärung fähig sind und einer solchen bedürfen. Das Erkennen aber ist ein erstes, ursprüngliches Factum aus innerer Erfahrung, über welches sich gar nichts Erklärendes sagen lässt. Das Verhältniss der Erkenntniss zu ihrem Gegenstande ist kein Causalverhältniss, in welchem etwa der Geist durch einen Schluss aus der angeregten Vorstellung zu ihrem Gegenstande als ihrer Ursache käme, oder in welchem der Gegenstand die Vorstellung von ihm wahr mache. Der Gegenstand ist unmittelbar mit der Vorstellung verbunden, wir haben ihn nur in und mit ihr und könnten auf ihn gar nicht kommen, wenn es nicht so wäre. Es ist dieses ganze Verhältniss der Erkenntniss zu ihrem Gegenstande also eine Thatsache aus innerer Erfahrung, die schlechthin für sich besteht. Wollten wir irgend etwas Erklärendes darüber sagen, so müssten wir aus unserer Erkenntniss heraustreten und Vorstellung und Gegenstand mit einander vergleichen können; aber eine solche Vergleichung ist ganz unmöglich. „Ich habe," sagt Fries, „die Erkenntniss nie mit ihren Gegenständen zu vergleichen, die immer schon bei ihr sind, sondern ich bleibe bei der Selbstbeobachtung meines Erkennens, wie dieses sich vor meinem Bewusstsein aus den Sinnesanschauungen, den reinen Anschauungen, dann den gedachten Erkenntnissen sowohl ihren Denkformen nach als nach ihrem metaphysischen Gehalt zum Bewusstsein der Einheit und Nothwendigkeit der ganzen menschlichen Erkenntniss zusammenbildet und in dieser Einheit und Nothwendigkeit die Wahrheit und Festigkeit der Ueberzeugung in sich selbst trägt." Das Leben des Geistes kann ich nicht nach seinen äusseren, sondern nur nach seinen inneren Verhältnissen untersuchen; aber hier in dieser inneren Untersuchung, in der klaren Erfassung und dem richtigen Verständniss der Thätigkeiten, in welchen das Leben des Geistes sich manifestirt, liegen die wahren philosophischen Probleme, deren Lösung den Frieden in der Philosophie bringen würde. Es ist eine Täuschung, entsprungen aus der unmittelbaren Klarheit der sinnesanschaulichen Erkenntniss, wenn man diese zunächst für objectiv gültig hält und wähnt, man könne an sie die objective Gültigkeit der mathematischen und philosophischen Erkenntniss durch Beweise anschliessen. Diese wie jene, sagt Fries, besitzen auf gleiche Weise unmittelbar transcendentale Wahrheit kraft des Selbstvertrauens, mit welchem die Vernunft jede unmittelbare Erkenntniss begleitet. —

Fries macht nun weiter darauf aufmerksam, dass

wir die transcendentale Wahrheit wohl von jener Wahrheit unterscheiden müssen, welcher der Irrthum entgegensteht. Für die unmittelbare Erkenntniss ist ein Irrthum ganz unmöglich; denn sie spricht das in der Vernunft liegende Gesetz der Wahrheit aus; einen Irrthum dieser unmittelbaren Erkenntniss würden wir nie als einen solchen zu erkennen vermögen. Hegt Jemand Zweifel an der objectiven Gültigkeit seiner unmittelbaren Erkenntniss, so giebt es absolut kein Mittel, diesen Zweifel zu heben. Wenn Jemand z. B. daran zweifelt, dass die gerade Linie der kürzeste Weg zwischen zwei Punkten sei, so kann er auf keine Weise überzeugt werden, dass dieses der Fall ist; hält Jemand für möglich, dass es Veränderungen ohne Ursache gebe, zweifelt er also an der Wahrheit des Causalitätsprincips, so kann ihm dieser Zweifel nicht gehoben werden. Solche Zweifel sind aber für den geistig gesunden Menschen ganz unmöglich. Nicht die unmittelbare Erkenntniss also ist dem Irrthum unterworfen, sondern nur die mittelbare Erkenntniss, in welcher wir uns jener bewusst werden, und welche jene unmittelbare Erkenntniss in Urtheilen ausspricht. Hier nennen wir das Urtheil wahr, sofern es mit der unmittelbaren Erkenntniss übereinstimmt. Zum Unterschiede von der transcendentalen Wahrheit oder der Uebereinstimmung einer Erkenntniss mit ihrem Gegenstande nennt Fries die Wahrheit des Bewusstseins oder die Uebereinstimmung der mittelbaren Erkenntniss mit der in ihr ausgesprochenen unmittelbaren die empirische Wahrheit. Dieser steht der Irrthum gegenüber, und wir besitzen für denselben ein Correctiv in der Vervollständigung und der genaueren Beobachtung unserer unmittelbaren Erkenntniss. Nicht die Vernunft irrt in ihrer unmittelbaren erkennenden Thätigkeit, wenn sie die Existenz eines farbigen Gegenstandes behauptet, zu dessen Erkenntniss sie sinnlich angeregt ist; wohl aber der Verstand, welcher mit seinem Urtheile weiter geht, als die unmittelbare Erkenntniss, welche er aussprechen will, reicht, und etwa behauptet, der betreffende Gegenstand sei ein Apfel, wobei sich dann leicht finden kann, sobald wir die unmittelbare Erkenntniss vervollständigen, dass der Gegenstand ein Stück Wachs von der Gestalt und Farbe eines Apfels war. Alle sogenannten Sinnestäuschungen sind nicht Irrthümer der Sinnesanschauung, sondern der mittelbaren Erkenntniss im Urtheil. Aus der unmittelbaren mathematischen Erkenntniss, der unmittelbaren figürlichen Synthesis der Vernunft entspringt das Gesetz, dass der Durchmesser eines Kreises zum Umfange desselben im Verhältnisse von $1 : \pi$ steht. Indess diese Erkenntniss ist nicht unmittelbar klar, sondern sie gelangt erst durch das die dunkeln Verhältnisse der unmittelbaren Erkenntnisse aufhellende Urtheil zum Bewusstsein. Hier ist nun das Urtheil über jenes Verhältniss irrig, so lange es sich auf eine nur unvollkommene Beobachtung der unmittelbaren Erkenntniss stützt, wie etwa auf Anschauung oder Messen. Erst durch die strenge Entwickelung des Urtheils aus den

zugleich unmittelbar klaren ersten Verhältnissen der mathematischen Erkenntniss, durch die folgerichtige Anwendung der logischen Hülfsmittel, wie sie die Geometrie aus-
übt, wird uns das mit objectiver Gültigkeit in unserer unmittelbaren Erkenntniss liegende Gesetz zum Bewusstsein gebracht.

Nur wenn man die angegebenen Bestimmungen
über die unmittelbare Erkenntniss und die Bedeutung
und Stellung der Reflexion festhält und damit die
Unterscheidung der transcendentalen und empirischen
Wahrheit verbindet, vermag man zu verstehen, was die
Deduction im Friesischen Sinne bedeutet.

Der logische Satz vom zureichenden Grunde fordert
richtig verstanden für jedes Urtheil eine Begründung;
man irrt und dehnt ihn über die Grenzen seines Gebrauches aus, wenn man auch für die unmittelbare Erkenntniss eine Begründung fordert. Diese ist, wie oben
bemerkt, ein auf sich beruhendes Factum; die mittelbare Erkenntniss im Urtheil aber bedarf einer Begründung. Die Begründung durch den Beweis, welcher stets
ein Urtheil aus anderen herleitet, führt zuletzt auf Grundurtheile, welche eines Beweises nicht weiter fähig sind.
Für die Rechtfertigung solcher Grundurtheile giebt es
kein anderes Mittel als die Berufung auf die unmittelbare Erkenntniss, indem wir nachweisen, dass in ihr die
in jenen Urtheilen ausgesprochenen Erkenntnisse thatsächlich bestehen. Am klarsten und einfachsten ist hier
die Begründung derjenigen Grundurtheile, welche eine

in der Anschauung gegebene Erkenntniss aussprechen,
da wir eben in solchem Falle uns auch sofort der Erkenntniss wieder bewusst sind. Die Begründung solcher
Urtheile heisst Demonstration, welche in diesem Sinne
also nicht mit Beweis zu verwechseln ist. Die auf
Sinnesanschauung gegründeten Urtheile und die mathematischen Grundurtheile oder Axiome sind solcher Demonstration fähig. Weit schwieriger ist aber die Begründung der nur im Denken zum Bewusstsein kommenden
philosophischen Grundurtheile, welche Deduction genannt
wird. Sie ist weder Beweis noch Demonstration, —
jenes nicht, denn es handelt sich hier nicht um abgeleitete Urtheile, sondern um Principien, — dieses nicht,
denn die in ihnen ausgesprochene Erkenntniss ist nicht
anschaulich klar, sondern kommt nur durch Denken zum
Bewusstsein. Die Deduction hat also die in den betref-
fenden Grundurtheilen ausgesprochene Erkenntniss als
in der unmittelbaren Erkenntniss der Vernunft thatsächlich bestehend nachzuweisen. Fries fordert für dieselbe eine auf innere Erfahrung gegründete Theorie der
Vernunft, durch welche wir in den Stand gesetzt werden,
die Grundelemente der menschlichen Erkenntniss zu bestimmen, die Formen der Selbstthätigkeit der Vernunft
aufzuweisen und so die Stelle jeder unmittelbaren Ueberzeugung zu finden, welche in einem solchen philosophischen Grundurtheile ausgesprochen wird. Die Deduction in seinem Sinne hat es also damit zu thun, den
Ursprung der Begriffe und Urtheile a priori im Geiste

aufzuweisen; sie ruht auf der Lehre von den Apper-
ceptionen und ist von Fries für alle Principien a priori,
mathematische und philosophische, speculative und praktische, Kategorien und Ideen im zweiten Bande seiner
anthropologischen Kritik der Vernunft vollständig gegeben.
Wir können dem hier nicht weiter folgen, müssen aber
noch jenes Missverständnisses erwähnen, welchem die
Friesische Philosophie gerade wegen dieser Lehre von
der Deduction ausgesetzt gewesen ist; in ihr liegt der
Grund, weshalb auch von sonst scharfsinnigen Männern
Fries des Rückfalls in Locke'schen Empirismus beschuldet
ist. Wer der Entwickelung des Gedankenganges in der
Friesischen Lehre aufmerksam folgt, sollte zu einer
solchen Verwechselung nicht kommen können. Mit
Kant behauptet Fries auf das Bestimmteste, dass „zwar
alle menschliche Erkenntniss mit sinnlicher Wahrnehmung
beginne, aber in ihren allgemeinen und nothwendigen
Behauptungen nicht daraus entspringe, sondern dass die
Vernunft diese ursprünglich als die reinvernünftigen
Formen der menschlichen Erkenntniss besitze." In der
einen und beharrlichen Form des inneren Lebens sieht
Fries den Quell jener allgemeingültigen und nothwendigen Erkenntnisse, welche der Ausdruck jener unmittelbaren Erkenntnissthätigkeit unserer Vernunft sind, die
ihr beharrlich in jedem Zustande ihrer Thätigkeit zukommt. Die Wahrheit jener nothwendigen Erkenntnisse
kann nicht erwiesen werden, sondern sie ruht in einem
Wahrheitsgefühle, mit welchem die Vernunft kraft ihres

Selbstvertrauens sie als Aeusserungen ihrer unmittelbaren Selbstthätigkeit der ganzen Erkenntniss zu Grunde legt. Der Unterschied dieser Lehre von der Locke'schen, welche die Erwerbung aller Vorstellungen durch Erfahrung behauptet, ist so einleuchtend, dass man nicht begreift, wie der Friesischen Philosophie der Vorwurf des Empirismus gemacht werden konnte. Seine Deductionenlehre gab dazu den Anlass. Die Deduction ist die Rechtfertigung der philosophischen Principien. Nun sagt man, wenn Fries diese Deduction in seiner auf innere Erfahrung gegründeten Theorie der Vernunft geben will, so stützt er zuletzt doch wieder die philosophischen Grundsätze auf empirische Erkenntniss und sieht in der Erfahrung den letzten und wahrhaft festen Halt der menschlichen Erkenntniss. Es entspringt also jenes Missverständniss einer falschen Auffassung der Bedeutung der Deduction. Durch die auf die Theorie der Vernunft gegründete Deduction werden die allgemeingültigen und nothwendigen Principien weder gegeben noch bewiesen. Gegeben sind sie durch die unmittelbare Selbstthätigkeit der Vernunft, wahr sind sie kraft des Selbstvertrauens, welches die Vernunft zu ihrer eigenen Wahrhaftigkeit hegt, und ihre Wahrheit lebt in unserem Bewusstsein in Folge unmittelbaren Wahrheitsgefühles. Eine jede menschliche Vernunft besitzt z. B. den Grundsatz der Causalität, die Idee der Freiheit etc. und legt diese Principien kraft ihres Selbstvertrauens mit unmittelbarem Wahrheitsgefühle allen ihren Beur-

theilungen zu Grunde, ganz unabhängig von der Deduction derselben. Diese kann zur Wahrheit jener
Principien nichts hinzuthun. Die Aufgabe der Deduction
ist eine ganz andere. Nachdem Kant nachgewiesen,
welche Principien a priori factisch die Vernunft besitzt,
blieb noch die Frage zu beantworten, weshalb die Vernunft gerade diese und nur diese besitzt. In diesem
Sinne allein kann von einer Begründung jener Principien
die Rede sein. Die Beantwortung jener Frage hat Fries
durch seine auf innere Erfahrung gegründete Theorie
der Vernunft vollständig gegeben, und er hat damit der
Fortbildung der Philosophie zu fester Wissenschaft den
grössten Dienst geleistet! Jene, welche die von Fries
geforderte und von ihm weiter und tiefer, als von irgend
einem Forscher vor oder nach ihm, ausgebildete innere
Erfahrung so sehr missachten und sie für unfähig halten,
zu einer klaren Verständigung über die philosophischen
Probleme zu führen, sollten doch beachten, dass das
innere Leben des Geistes ebenso wie die äussere Welt
der Materie ein Gebiet ist, dessen Erkenntniss uns nur
durch Erfahrung erschlossen werden kann, und dass
dort wie hier alle rein speculativen Versuche nichts sind
als eitle Träume, welche je mit dem Erfinder wechseln.

Die veränderte erkenntnisstheoretische Grundansicht
und seine ganz andere Ansicht von der transcendentalen
Wahrheit veranlassten Fries, der Lehre von den transcendentalen Ideen sowohl in Bezug auf die Ableitung
als auf die Begründung eine ganz andere Gestalt zu

geben, als sie bei Kant hatte; damit erhielt zugleich die
Lehre des transcendentalen Idealismus eine weit festere
Stellung. Wir wollen versuchen, dieses Verhältniss im
Kurzen darzustellen. —

Kant hatte die drei transcendentalen Ideen als factischen Besitz der menschlichen Vernunft aufgewiesen;
aber es hafteten seiner Lehre von denselben Mängel an,
welche gehoben werden mussten, um ihr eine sicherere
Gestalt zu geben. Analog der Auffindung der Kategorien, bei welcher ihm die Tafel der Urtheilsformen
als Leitfaden diente, suchte Kant die transcendentalen
Ideen aus der Form der Vernunftschlüsse herzuleiten.
In Wirklichkeit gelang ihm aber diese Ableitung allein
dadurch, dass er das Princip der Totalität aller Bedingungen oder der Unmöglichkeit des unendlichen Regressus hinzubrachte, welches ihm jedoch von nur sub-
jectiver Bedeutung blieb. Die objective Gültigkeit der
synthetischen Grundsätze, welche wir durch die Verbindung der Kategorien mit ihren anschaulichen Schematen erhalten, glaubte Kant aus der vorausgesetzten
objectiven Gültigkeit der Erfahrungserkenntniss beweisen
zu können, insofern jene synthetischen Erkenntnisse die
nothwendigen Bedingungen aller Erfahrung sind. Jene
Voraussetzung langte jedoch nicht hin, die objective
Gültigkeit der transcendentalen Ideen zu beweisen; denn
diese gehen auf das Unbedingte oder die Totalität aller
Bedingungen. Da die Gegenstände, welche sie uns
nennen, in keiner Erfahrung gegeben werden können,

so ist die speculative Vernunft unvermögend, die objective Realität derselben darzuthun. So ward Kant zu seiner transcendentalen Dialektik oder der Lehre vom transcendentalen Schein geführt, worin er zeigte, dass in allen Versuchen, aus den Ideen oder reinen Vernunftbegriffen zu synthetischen Sätzen zu gelangen und diese zu beweisen, die Vernunft durch einen ihr eigenthümlichen Schein getäuscht werde, durch welchen jene Ideen den Anschein der Objectivität erhielten. Kant erklärte deshalb alle Unternehmungen der speculativen Vernunft, mit ihren reinen Begriffen die Erkenntniss über die Grenzen der Erfahrung auszudehnen, für unzulässig. Er erkannte jedoch den Ideen einen regulativen Gebrauch zu, indem sie von der Vernunft als eine Regel gebraucht werden, um die möglichste Vollendung der systematischen Einheit der Erfahrungserkenntniss zu erreichen. So erscheinen bei ihm die Ideen als die höchsten Principien der systematischen Einheit in der menschlichen Erkenntniss, aus denen zwar nicht selbst erkannt wird, denen man sich aber in immer erweiterter Erfahrung mehr und mehr nähern solle. Die Rechtfertigung oder den Beweis der objectiven Gültigkeit der transcendentalen Ideen suchte Kant dann in der Kritik der praktischen Vernunft zu geben, worin er zeigte, dass die Ideen mit dem unmittelbar und nothwendig gültigen Sittengesetze in ähnlicher Weise zusammenhängen, wie die Kategorien mit der Erfahrungserkenntniss. —

Wesentlich anders gestaltet sich die Lehre von den Ideen bei Fries. Er verwirft die Ableitung derselben aus der Form der Vernunftschlüsse; durch die Form des Urtheils wird die Kategorie gedacht, die Idee aber nicht durch die Form des Vernunftschlusses; dieser ist seiner Form nach ein analytisch-hypothetisches Urtheil, und es kann deshalb in ihr nichts Anderes gedacht werden, als was schon durch die Form des Urtheils gedacht ist. Jenes Princip der Totalität der Bedingungen oder der Unmöglichkeit des unendlichen Regressus, durch dessen Hinzubringen Kant die Ableitung der Ideen gelang, macht Fries zum Princip seiner Ideenlehre. Er nennt es den Grundsatz der Vollendung, dessen Ausspruch lautet: Das Wesen der Dinge kann nicht unvollendbar, sondern muss an sich vollendet sein. Fries weist in der Deduction diesen Grundsatz als das höchste objective Princip der Vernunft, als den synthetischen Grundsatz der reinen Vernunft auf.

In der Auffindung der transcendentalen Ideen wird er dann so geführt: Unsere sinnlich eingeleitete Welterkenntniss kommt zu Stande, indem die Vernunft den mannigfaltigen sinnesanschaulich gegebenen Gehalt durch die ihrer reinen Selbstthätigkeit entspringenden Formvorstellungen — reine Anschauungen und Kategorien — verbindet und verknüpft. Die Kategorien oder metaphysischen Grundbegriffe erhalten erst dadurch, dass sie in der unmittelbaren Erkenntniss mit ihren reinanschaulichen Schematen verbunden sind, Anwendung auf bestimmte Er-

kenntniss und liegen so als die formalen synthetischen
Principien oder die höchsten Naturgesetze unserer em-
pirischen Erkenntniss der Welt zu Grunde. Diese er-
hält durch den reinanschaulichen Schematismus den
Charakter der Unvollendbarkeit, so dass sie uns nur
Reihenfolgen von Bedingungen zeigt, in denen jedes
Glied von dem vorhergehenden abhängig ist, — lauter
Reihen mit unendlichem Regressus. Dagegen fordert
der objectivgültige Grundsatz der Vollendung, dass das
Wesen der Dinge vollendet sei; mit unabweisbarer
Nothwendigkeit fordert er für jedes Wirkliche eine Totalität der Bedingungen, die allein durch das Unbedingte
oder Absolute möglich ist. Wir müssen deshalb in
jenem reinanschaulichen Schematismus der metaphysischen Grundbegriffe, an welchen unsere Erkenntniss gebunden bleibt, eine Schranke anerkennen, welche uns
hindert, das Wesen der Dinge in seiner Vollendung, das
Unbedingte oder Absolute selbst zu erfassen. Von
diesem haben wir nur eine Idee d. h. eine Vorstellung,
deren Gegenstand nicht in bestimmter Erkenntniss gegeben werden kann.

Mit derselben Nothwendigkeit, mit welcher die Anschauungen von Raum und Zeit und die Kategorien in
der menschlichen Vernunft liegen, gehört ihr auch die
Idee des Absoluten; sie fordert für das Wesen der
Dinge Aufhebung der an unserer sinnlich eingeleiteten
Erkenntniss haftenden Schranken d. h. Negation des
mathematischen Schematismus und absolute Bestimmung

der Kategorien, in welcher die obersten oder idealen Formen der Synthesis — die transcendentalen Ideen wurzeln.

Die Deduction der transcendentalen Ideen giebt Fries, wie schon bemerkt, zugleich mit derjenigen der Kategorien; sie weist auch die Ideen als unmittelbare reinvernünftige Ueberzeugungen auf, als Formen, in denen die Grundvorstellung der objectiven synthetischen Einheit vor das Bewusstsein tritt. Anwendung und Bedeutung in der menschlichen Erkenntniss erhalten die Ideen erst durch den sittlichen Schematismus; aber ihre Gültigkeit können sie nicht erst durch die moralischen Beweise erlangen. Durch den Nachweis des Ursprungs der transcendentalen Ideen aus der vom Grundsatz der Vollendung geforderten Verneinung der Schranken unserer Erfahrungserkenntniss löst sich der dialektische Widerstreit Kant's in den Gegensatz zweier verschiedenartiger Principien für die Auffassung und Beurtheilung der Dinge, die beide der Vernunft mit gleicher Nothwendigkeit gehören. Die Vernunft ist an ein Gesetz der sinnlichen Anregung gebunden; in dieser erhält sie allen Gehalt der Erkenntniss. Deshalb legen sich die formalen Principien des sinnesanschaulichen Erkennens mit ihren charakteristischen Merkmalen, Unvollendbarkeit und Stetigkeit, der menschlichen Erkenntniss zu Grunde und geben in Verbindung mit den metaphysischen Grundbegriffen ihr den Charakter der Naturgesetzlichkeit. So lebt also in der menschlichen Vernunft

festgegründet und unantastbar gewiss die wissenschaftliche Ueberzeugung. Ihr gegenüber aber macht sich in
der Idee des Absoluten ein anderes Princip der Beurtheilung geltend, welches der Vernunft mit gleicher Gewissheit gehört; auf ihm beruht die Ueberzeugung des
Glaubens. Auf dem Gebiete der wissenschaftlichen
Erkenntniss sind die transcendentalen Ideen von schlechthin gar keiner Anwendung. Fries verwirft hier auch
auf das Bestimmteste jenen regulativen Gebrauch der
Ideen, welchen Kant ihnen zuerkannt hatte. Die sche-
matisirten Kategorien sind die wahren, höchsten Principien der Wissenschaft, denen keine Regulative über-
geordnet werden können. Trotz aller möglichen Erwei-
terung bleibt die wissenschaftliche Erkenntniss stets im
Gebiet des Unvollendbaren, und sie kann nie das selbst-
ständige Wesen, die absolute Ursache oder das absolute
All der Dinge erreichen. Jeder Versuch, den transcendentalen Ideen hier eine Anwendung zu geben, ist
fehlerhaft. So lange die Principien der wissenschaftlichen Ansicht der Dinge und der Ueberzeugung des
Glaubens nicht scharf aus einander gehalten werden, ge-
schieht es gar leicht, dass die letzteren wegen der unmittelbaren Nothwendigkeit, mit der sie der menschlichen
Vernunft gehören, sich in die wissenschaftliche Beurtheilung einmischen und hier zu Fictionen führen, die lange
täuschen können, zuletzt aber vor der mathematischen
Klarheit unserer wissenschaftlichen Naturerkenntniss sich
in Nichts auflösen müssen.

Schematisirte Kategorie oder Naturgesetz und Idee
des Absoluten gehören beide als objective synthetische
Principien der erkennenden Vernunft. Durch ihren
Widerstreit bildet sich subjectiv der Gegensatz zweier
Weltansichten aus, der einer Erklärung bedarf. Diese
giebt der transcendentale Idealismus.

Kant gründete diese Lehre von der Unerkennbar-
keit der Dinge an sich zunächst auf die subjective Beschaffenheit der formalen Bedingungen der menschlichen
Erkenntniss. Wegen ihres subjectiven Ursprungs sollten Raum und Zeit nicht Bedingungen der Möglichkeit
der Dinge an sich, sondern nur ihrer Erscheinung sein;
deshalb sollten sie Gesetze enthalten, welche nur für
die Art, wie die Dinge den Menschen zur Erscheinung
kommen, nicht aber für das wahre Wesen der Dinge
selbst gelten. Diese Begründung seines Idealismus war
indessen unsicher und fehlerhaft; die Erkenntniss ihrer
Mängel führte deshalb Viele zur Verwerfung jener Lehre.
Fries aber sah in derselben die Hauptlehre der ganzen
Metaphysik, welche allein im Stande ist, das grösste
Problem der menschlichen Vernunft in befriedigender
Weise zu lösen, nämlich das Verhältniss der natürlichen
Ansicht zur idealen Ansicht' der Dinge aufzuklären.
Seine Begründung des transcendentalen Idealismus ist
eine wesentlich andere als bei Kant. Nicht der sub-
jective Ursprung, sondern die objective Beschaffenheit
der formalen Bedingungen des menschlichen Erkennens
ist ihm die Grundlage, auf welcher sich jene Lehre ent-

wickelt. In seiner Deduction hatte er sowohl die formalen Principien unserer empirischen Erkenntniss, als die Idee des Absoluten als besondere Formen aufgewiesen, in welchen sich die ursprüngliche objective synthetische Einheit der erkennenden Vernunft ausspricht. In Folge ihrer Sinnlichkeit ist die Vernunft abhängig von einer ihr fremden Bedingung, sie ist dem Gesetze der sinnlichen Anregung unterworfen, in welcher sie allen Gehalt der Erkenntniss erhält. Die ihr ursprünglich gehörende objective synthetische Einheit im Erkennen muss sich demgemäss der sinnlich eingeleiteten Erkenntniss in einer Form zu Grunde legen, welche eine immer weitere Auffassung jeder möglichen Anregung zulässt, mithin unvollendbar ist. So bedingt die Sinnlichkeit der Vernunft die Unvollendbarkeit der Form ihres Erkennens. Dieser nun setzt die Idee des Absoluten die Forderung entgegen, dass dem wahren Wesen der Dinge Vollendung zukommen müsse; sie zwingt uns also, die Sinnlichkeit als eine Beschränkung der erkennenden Vernunft aufzufassen, und ihre unvollendbare Form als das Gesetz der Erscheinung der Dinge, nicht aber als das Gesetz ihres Daseins zu betrachten. So führt uns der Gegensatz zwischen der Unvollendbarkeit unserer mathematischen Naturerkenntniss und der Forderung der Idee des Absoluten dazu, der Welt, wie wir sie erkennen, die Welt, wie sie an sich beschaffen ist, entgegenzusetzen. Wegen der Immanenz alles menschlichen Erkennens ist eine positive Erkenntniss der Welt, wie sie

an sich beschaffen ist, für uns ganz unmöglich; wir
können uns der Schranken unserer Erkenntniss nicht
entledigen, ohne diese selbst aufzuheben. Aber durch
die Idee des Absoluten macht sich gegenüber der natürlichen Ansicht, welche die Welt unter dem Naturgesetz
fasst, eine ideale Ansicht geltend, in welcher wir nach
den transcendentalen Ideen an das vollendete Wesen
der Dinge glauben.

Wer im alleinigen Vertrauen auf, die Wahrheit seiner wissenschaftlichen Erkenntniss die Wahrheit der
Ueberzeugung des Glaubens verwirft, der übersicht, dass
diese wie jene auf derselben Basis ruht, nämlich auf
dem Selbstvertrauen der Vernunft, kraft dessen sie die
Wahrheit jeder Aeusserung ihrer unmittelbaren Selbstthätigkeit behauptet. Er missversteht sich selbst und
sieht nicht, dass die Principien der idealen Ansicht,
welche auch in ihm nothwendig und mit unmittelbarer
Gewissheit leben, sich in mancherlei Gestalt in alle seine
Beurtheilungen einmischen, in denen sich wunderbare
Widersprüche zeigen würden, wenn er versuchte, sie in
ihrem ganzen Zusammenhange aus der Wissenschaft und
ihren Gesetzen zu begreifen und zu rechtfertigen.

Die Behauptung, der Gegensatz der natürlichen und
der idealen Ansicht der Dinge ziehe sich unversöhnt
durch Fries' Philosophie, ist nicht richtig. Die Ver-
söhnung desselben und die einzig mögliche Verständigung über ihn ist in der Lehre des transcendentalen
Idealismus thatsächlich gegeben, welche nach Fries nicht

auf dem subjectiven Ursprunge der Formen unserer
wissenschaftlichen Erkenntniss, sondern auf der objectiven Beschaffenheit und dem in ihr gegründeten Widerstreit der Principien des Wissens und des Glaubens
ruht. Diese Art der Begründung jener wichtigen Lehre
ist von den Meisten übersehen oder nicht verstanden.
Deshalb meint denn auch der jüngere Fichte, mit den
Einwendungen gegen die Kantische Lehre zugleich Fries'
transcendentalen Idealismus überwunden zu haben.

Die Behauptung der Beschränktheit des menschlichen Wissens ist es, welche immer wieder die Oppo-
sition gegen jene Lehre hervorrief. So sagt H. J. Fichte:
„Damit bleibt es für den Menschen über alle grossen
und eigentlich entscheidenden Fragen der Menschheit,
nach dem Wesen Gottes, nach dem An sich, der Ewig-
keit, der menschlichen Seele bei dem traurigen Bekennt-
nisse des Nichtwissens und Nichtwissenkönnens, der absoluten Unzulänglichkeit." Allerdings; aber wir möchten
das Eingestehen eines thatsächlichen Verhältnisses nicht
ein trauriges Bekenntniss nennen. Eine solche Klage
würde so vergeblich und unberechtigt sein, wie die-
jenige über die Hinfälligkeit und Vergänglichkeit unseres
irdischen Daseins. Die Einsicht in die Natur der erkennenden Vernunft zeigt uns, wie in der nothwendigen
Form unseres Wissens das Gesetz liegt, dass wir mit
dem Wissen stets nur das Bedingte zu erfassen vermögen, dass wir ferner nur in der durch die Negation
der Beschränktheit unseres Wissens gegebenen Ueber-

zeugung des Glaubens uns zum Unbedingten erheben,
und dass wegen des negativen Ursprungs der transcendentalen Ideen eine positive Erkenntniss des Unbedingten für uns ganz unmöglich ist.

Der transcendentale Idealismus ist vielfach so miss-
deutet und missverstanden, als behaupte er, unser Wissen gewähre nur einen subjectiven Schein, dem keine
Realität zukomme, als verwerfe er das Wissen als eine
subjective Vorstellungsart und ordne ihm den Glauben
in der Weise über, dass nur dieser das Reale erfasse.
Das Irrthümliche dieser Auffassung wird aus dem Ge-
sagten klar sein. Der transcendentale Idealismus leugnet
nicht nur nicht das Dasein der Gegenstände unserer
empirischen Erkenntniss, sondern er behauptet ihre Realität auf das Bestimmteste. Die Welt, deren Erkenntniss uns durch den Sinn eröffnet wird, ist nach ihm
nicht eitel Trug und Schein, sondern die Erscheinung
der wahren Welt, d. h. die Auffassung derselben gemäss
der unserer sinnlichen Erkenntniss nothwendigen Formen. Diesen Formen aber spricht er wegen ihrer Unvollendbarkeit die Bedeutung für das wahre Wesen der
Dinge ab. Es ist dieselbe Realität, welche wir positiv
in den Schranken Raum und Zeit erkennen, und welche
wir durch Negation jener Schranken absolut denken;
von einer anderen Realität sprechen zu wollen, hat gar
keinen Sinn, da uns alle Realität durch die Anschauung
gegeben wird. Mit jenem Idealismus Berkeley's, welcher,
um Boden für die freie Geisteswelt zu gewinnen,

die Körperwelt für blossen Schein erklärt, hat also der transcendentale Idealismus nichts gemein. Dieser setzt nicht der Sinnenwelt, als einem nur subjectiven Schein, eine andere, wahre Welt entgegen, sondern er giebt für den Gegensatz zwischen der natürlichen und der idealen Ansicht der Dinge diese Lösung: in jener besitzt die Vernunft nur eine in Folge ihrer Sinnlichkeit, also subjectiv beschränkte Ansicht der Dinge, — in dieser erhebt sie sich durch die Negation jener Schranken in den transcendentalen Ideen zur Ueberzeugung von dem wahren und vollendeten Wesen der Dinge. Mit gleicher Gewissheit leben Glauben und Wissen in der menschlichen Vernunft; der transcendentale Idealismus ordnet aber den Glauben in dem Sinne dem Wissen über, dass er diesem nur eine endliche Wahrheit zuschreibt, nach welcher uns die Welt in Raum und Zeit der Naturnothwendigkeit unterworfen und der Geist als abhängig vom Körper erscheint, — während er der Ueberzeugung des Glaubens, welche sich auf das vollendete Wesen der Dinge bezieht, eine ewige Wahrheit zuerkennt, nach welcher der Geist als selbstständig, der Wille als frei, und das All der Dinge allein durch Gottes Allmacht besteht. Diese ewige Wahrheit lebt uns im Glauben allein kraft unseres sittlichen Selbstvertrauens; wir können sie weder schauen, noch wissenschaftlich erkennen. Wer die ewige Wahrheit des Glaubens wissenschaftlich zu entwickeln versucht, verfällt nothwendig der Amphibolie der Reflexionsbegriffe. Es

giebt also keine Wissenschaft aus den Principien des
Glaubens oder den Ideen. Nicht in theoretischem, son-
dern nur in rein ästhetischem Urtheile vermögen wir
Gegenstände Ideen unterzuordnen, und kraft dieser Beur-
theilung allein ahnen wir in der Erscheinung das wahre
Wesen der Dinge, — im Endlichen das Ewige.

Die Lehre des transcendentalen Idealismus steht im
Mittelpunkte der Friesischen Philosophie; „sie bringt wohl-
verstanden die Beendigung der ganzen Geschichte der
speculativen Metaphysik, indem sie uns die schulgemässe
Ausführung jener Paulinischen Lehre der Unterordnung
des Wissens unter den Glauben bringt." Fries zeigt,
dass diese Lehre in der That den Schlüssel zur Auflösung jener Gegensätze giebt, welche das Auseinander-
gehen der verschiedenen Weltansichten bedingen und
das Gebiet der reinen Philosophie so lange zur Stätte
des Kampfes machen, bis es gelungen ist, den zwischen
jenen Weltansichten herrschenden Widerstreit zu schlich-
ten. —

So lange als man die Natur der analytischen Denkformen des Verstandes verkannte und das Denken für
eine eigene Art der Erkenntniss hielt, so lange konnte
man der Hoffnung leben, welche das logische Ideal der
früheren Philosophie war, das Ganze der menschlichen
Erkenntniss in ein wissenschaftliches System zu fassen
und aus einem obersten Grundsatze herzuleiten. Diese
Hoffnung muss als ein Wahn erkannt werden, sobald
man einsieht, dass der Verstand aus sich allein nichts

zu erkennen vermag, sondern dass er nur anderweitig
gegebene, dass er die unmittelbare Erkenntniss wiederholt und zum Bewusstsein bringt. In der Organisation
der menschlichen Vernunft liegt der Grund, weshalb sie
nicht im Stande ist, die eine Wahrheit in ein geschlos-
senes System wissenschaftlicher Erkenntniss zu fassen,
sondern von ihr stufenweise verschiedene Ansichten ge-
winnt. Aus zweifacher Quelle fliesst unserer unmittelbaren Erkenntniss aller Gehalt zu; der äussere Sinn eröffnet den Blick in die Welt der Materie, der innere in
das Leben des Geistes. So werden wir also gleichsam
in zwei verschiedene Welten eingeführt, deren Einheit
wir nicht wissenschaftlich zu begreifen, sondern nur in
der Idee zu fassen vermögen. Dieser Gegensatz zwischen
Körper und Geist, verbunden mit jenem anderen, von
der Kritik der Vernunft aufgewiesenen, zwischen den
Principien unseres Wissens und denjenigen des Glaubens, bedingt das Auseinandertreten der verschiedenen
Weltansichten, welche, mit gleich starken Gründen ver-
theidigt, in der Geschichte der Philosophie streitend einander gegenüberstehen. Die kritische Philosophie entscheidet hier nicht für die eine oder die andere, sondern sie zeigt, dass jeder derselben ein Anspruch an
Wahrheit, aber nicht in unbeschränkter Weise, zukommt,
dass eine jede ihr besonderes Recht in einem bestimm-
ten Kreise, aber keine den Anspruch an die volle Wahrheit besitzt. Indem eine jede der verschiedenen Weltansichten jedoch diesen Anspruch erhebt und sich auf

Kosten der übrigen zu der alleinherrschenden zu machen
sucht, entbrennt jener Streit, welcher allein dadurch
geschlichtet werden kann, dass das Gesetz der Nebenordnung jener verschiedenen Ansichten aufgewiesen, und
so einer jeden das Recht zuerkannt wird, welches ihr
in Folge ihrer Erkenntnissweise und der ihr zu Grunde
liegenden Principien zukommt.  Diese Aufgabe ist allein
durch die vollendete kritische Philosophie und die ihr
gehörende Lehre vom transcendentalen Idealismus gelöst; nicht mit Unrecht dürfte hierin ein Zeugniss für
die Wahrheit der Friesischen Philosophie zu finden
sein! —